INCRÍVEIS DINOSSAUROS
CRETÁCEO

Rodovia Jorge Lacerda, 5086 - Poço Grande
Gaspar - SC | CEP 89115-100

Texto:
Rupert Matthews

Ilustração:
Ivan Stalio, Alessandro Cantucci, Fabiano Fabbrucci, Andrea Morandi

Tradução e adaptação:
Ruth Marschalek

Revisão:
Karin E. Rees de Azevedo

IMPRESSO NA ÍNDIA
www.todolivro.com.br

Dados Internacionais de Catalogação na Publicação (CIP)
(Câmara Brasileira do Livro, SP, Brasil)

Incríveis dinossauros: os dinossauros do cretáceo /
[Rupert Matthews; tradução: Ruth Marschalek].
Gaspar, SC : Todolivro, 2022.
(Incríveis dinossauros ; 2)

Vários ilustradores.
Título original: Amazing dinosaurs : triassic

ISBN 978-65-5617-123-4

1. Dinossauros - Literatura infantojuvenil
I. Matthews, Rupert. II. Série.

22-137200 CDD-028.5

Índices para catálogo sistemático:

1. Dinossauros : Literatura infantil 028.5
2. Dinossauros : Literatura infantojuvenil 028.5

INCRÍVEIS DINOSSAUROS
CRETÁCEO

Todolivro

Sumário

Introdução 7

O Mundo Cretáceo 8-9

Novos Predadores Marinhos 10-13

Brigando pelas Fêmeas 14-17

Nidificando Grupos de Gigantes 18-19

Mães e ovos 20-21

Assassinos Ágeis 22-25

No Interior de um Dinossauro Blindado 26-29

O Gigante dos Répteis Voadores 30-31

Vida no ar 32-33

A Era Dourada dos Dinossauros 34-35

Cabeças e crânios 36-37

Índice 38

INTRODUÇÃO

O período Cretáceo foi o clímax da era dos dinossauros. Mais espécies de dinossauros viveram neste período do que até então. De diversas maneiras, o Cretáceo foi uma era de transição de antigas para modernas formas de vida. As plantas com floração apareceram neste período. Isso causou transformações nos padrões evolutivos que conduziram a muitas novas espécies. Os continentes se dividiram como esses são atualmente, o que veio a diversificar as formas de vida na terra. O Cretáceo terminou por volta de 65 maa* com uma extinção em massa, que aniquilou os dinossauros junto com a maior parte de outros animais e plantas.

N.T.: maa* = milhões de anos atrás

Como este livro funciona

Cada capítulo neste livro começa com uma incrível ilustração de duas páginas, que mostra répteis e outras criaturas do Cretáceo em um cenário dinâmico. Estas aberturas conduzem para páginas duplas, que explicam o conceito apresentado no cenário com detalhamento maior.

Cabeçalhos sucintos explicam como cada vinheta está relacionada com o assunto.

Texto vívido e descritivo acompanha uma grande ilustração que fornece uma visão detalhada dos animais do Cretáceo em ação.

O texto introdutório dá uma visão geral do assunto.

Uma ilustração dinâmica e totalmente colorida apresenta cada assunto da seção.

Ilustrações detalhadas destacam questões específicas.

O MUNDO CRETÁCEO

O Cretáceo foi o terceiro e mais extenso dos períodos na Era Mesozoica, ou a "era dos dinossauros". Esse começou cerca de 144 maa e durou por quase 80 milhões de anos. O Cretáceo é, geralmente, dividido em início do Cretáceo (144 até 85 maa) e final do Cretáceo (85 até 66 maa). Foi durante o Cretáceo que os dinossauros mais se diversificaram, e muitas espécies diferentes dominaram a vida na Terra. Foi uma época de mudança para a vida e os continentes, que se separaram e colidiram com os demais. No final do Cretáceo, houve uma repentina extinção em massa de muitas espécies. Todos os dinossauros se extinguiram, bem como muitos outros animais. A Terra se tornou quase um planeta vazio.

OS CONTINENTES

Quando o Cretáceo começou, as massas de terra do mundo eram unidas em dois supercontinentes. Ao norte, Europa, Ásia e América do Norte formaram a Laurásia. Ao sul, África, América do Sul, Antártica, Austrália e Índia formaram a Gondwana. Os dois podem ter se unido em sua ponta ocidental por uma ponte terrestre entre as Américas. Durante o Cretáceo, a maioria dos continentes se separou dos demais. No final deste período, todos eles estavam quase separados, a Austrália e a Antártica ainda estavam ligadas, mas a Índia estava separada da Ásia.

Meados do Cretáceo

Final do Cretáceo

▲ Na mesma época em que os continentes se dividiram, os níveis do mar se elevaram e inundaram áreas baixas para formar vastos mares rasos. Estes mares tornaram o clima úmido e aquecido na maioria dos lugares. Até mesmo nos polos, o tempo raramente era congelante. Os mares dividiram os continentes em territórios menores. Isso fazia com que que os animais não pudessem se mover facilmente de um lugar para outro, assim, dinossauros diferentes evoluíram em áreas diferentes do mundo. Isso teria um efeito profundo no final do Cretáceo.

A Vida no Mar 13
Carnívoros 24 • Dinossauros Blindados 28 •
A Vida no Ar 32
Cabeças e Crânios 36

▲ Amplas camadas de calcário são típicas de rochas depositadas no Período Cretáceo. O calcário é formado por bilhões de conchas de minúsculas criaturas marinhas. O nome Cretáceo significa "esbranquiçado".

▲ A Magnólia é uma das plantas com floração mais primitiva ainda viva hoje em dia.

PLANTAS COM FLORAÇÃO

No início do Cretáceo, a vida vegetal era bastante como havia sido nos 100 milhões de anos anteriores. Havia grandes árvores coníferas, samambaias e uma variedade de plantas com características de palmeira que agora estão extintas. No final do Cretáceo, as plantas tinham se transformado dramaticamente. As plantas com floração assumiram o controle quase completamente. As primeiras plantas com floração viveram cerca de 140 maa perto do equador nas florestas tropicais, que cobriam a Sibéria e o sul da América do Norte. Elas eram, provavelmente, plantas arborizadas como as magnólias modernas. Elas se alastraram lentamente até aproximadamente 115 a 100 maa, quando evoluíram para uma ampla gama de árvores, arbustos, bulbos, ervas e outras formas. Os dinossauros e os outros animais evoluíram para comer as novas espécies de alimento.

As vespas apareceram primeiro no início do Cretáceo e pouco mudaram desde então. ▶

A EVOLUÇÃO DE OUTROS ANIMAIS

Muitos novos animais apareceram no Período Cretáceo. Os dinossauros evoluíram para muitas formas, mas eles não estavam sozinhos. Novas espécies de insetos incluíam as abelhas, mariposas, vespas, borboletas e formigas. As cobras apareceram primeiro neste período e, junto com os crocodilos, estavam entre os poucos que sobreviveram à extinção em massa no final do Cretáceo. A evolução rápida de novas formas de vida animal foi induzida pelo mundo em mutação. Conforme o clima ficava mais quente e úmido, os animais tinham que se adaptar para sobreviver. Eles também tinham que lidar com o aumento das plantas com floração, que forneciam uma variedade de novos alimentos para os animais herbívoros. A divisão das massas de terra em muitos continentes pequenos e grandes ilhas permitiu que animais diferentes evoluíssem em áreas diferentes, para então se espalharem quando os mares rasos ocasionalmente recuassem.

◀ Fósseis de um pterossauro de cauda curta. Os pterossauros de cauda comprida não sobreviveram à transição do Jurássico para o Cretáceo.

AVES, RÉPTEIS E VOADORES

Os céus do início do Cretáceo eram dominados pelos pterodátilos. Estes répteis voadores tinham asas compridas formadas por uma aba de pele esticada sobre um enorme dedo alongado. Diferentemente dos primeiros répteis voadores, os pterodátilos tinham uma cauda muito pequena ou nenhuma cauda. Alguns chegaram a ficar enormes, com envergadura de mais de 12 metros. À medida que os pterodátilos ficavam maiores, as aves menores assumiam o controle dos estilos de vida que restavam. No final do Cretáceo, as aves tinham se tornado os animais voadores dominantes.

▲ Fósseis de mexilhões com conchas sulcadas, muito parecidas com as dos oceanos de hoje em dia.

O Nyctossauro, um típico pterodátilo, tinha asas compridas e estreitas com até 3 metros de ponta a ponta e um corpo pequeno sem cauda. ▶

O Presbyornis ▶ vivia bem no final do Cretáceo e se assemelhava a um pato de pernas compridas. Ele comia plantas nos lagos rasos de água doce.

VIDA MARINHA

Os mares rasos e aquecidos eram ricos em vida animal de todos os tipos. Moluscos bivalves, como os mexilhões, eram especialmente comuns, e novos animais evoluíram para caçá-los. Os caranguejos usavam garras para rompê-los, estrelas-do-mar desenvolveram tentáculos musculosos para abrir as conchas e os caracóis evoluíram com um dente tipo broca para fazer furos nas conchas. Os répteis marinhos também prosperaram. Os plesiossauros de pescoço comprido e os pliossauros de pescoço curto chegaram a tamanhos bastante grandes. Contudo, havia longos períodos em que a vida no mar definhava drasticamente. Isso ocorria quando as correntes oceânicas cessavam e os níveis de oxigênio diminuíam, o que reprimia a vida em muitas áreas.

MAMÍFEROS E MARSUPIAIS PLACENTÁRIOS

Os primeiros mamíferos evoluíram mais para o final do Período Triássico, cerca de 210 maa. Por milhões de anos depois, os mamíferos permaneceram raros e pequenos. Os únicos fósseis de mamífero encontrados pelos cientistas nas rochas do Jurássico e do início do Cretáceo são alguns dentes e pedaços de ossos. A partir de cerca de 110 maa em diante, contudo, a quantidade e variedade de mamíferos aumentaram dramaticamente. Por volta de 100 maa, os marsupiais, mamíferos que mantinham seus filhotes em bolsas, apareceram pela primeira vez.

◀ O Alfadonte, um antigo mamífero do final do Cretáceo.

▼ O Dromeossauro era um dinossauro caçador que vivia na Ásia e América do Norte durante o Cretáceo. Os dinossauros deste grupo tinham garras grandes e encurvadas nos pés traseiros, que eram usadas para retalhar a presa.

O Centrossauro pertencia ao grupo dos ceratopsianos. Estes dinossauros tinham chifres compridos no rosto e folhos ósseos atrás da cabeça. ◀

▲ O Avimimo pertencia a um grupo de dinossauros asiáticos que podia correr muito rápido. Assim como outros dinossauros velozes, ele provavelmente era recoberto por penas.

Novos Predadores Marinhos

Novos predadores do Cretáceo, os lagartos marítimos com nadadeiras conhecidos como mosassauros (como o Plotossauro e o Mosassauro abaixo), alcançaram 10 metros de comprimento. As grandes nadadeiras da cauda os ajudavam a se impulsionar pela água em busca dos peixes que eles comiam. Eles usavam a sua boa visão e dentes altamente evoluídos para capturar e devorar qualquer coisa em seu caminho – incluindo um ao outro.

◀ Esta reconstrução do mosassauro de Hoffman mostra os compridos corpo e cauda em forma de cobra que eram típicos dos mosassauros. Ele pode ter alcançado cerca de 9 metros de comprimento. O fóssil do crânio desta criatura é mostrado abaixo à esquerda.

OS MONTROS DAS PROFUNDEZAS DO CRETÁCEO

Em 1786, trabalhadores escavando calcário perto da cidade holandesa de Maastricht encontraram um conjunto enorme de mandíbulas fossilizadas com dentes ferozmente afiados. Os fósseis foram comprados por um cientista local chamado Hoffman, e receberam o nome por causa dele. Alguns cientistas acreditavam que as mandíbulas eram de uma baleia, outros alegavam ser de um crocodilo. Em 1800, os cientistas descobriram que eles pertenciam a um lagarto gigantesco, e o fóssil foi denominado mosassauro, que significa "lagarto de Maas". Fósseis posteriores mostraram que as mandíbulas pertenciam a um lagarto nadador, um predador marinho bem-sucedido dos mares do Cretáceo. Desde então, muitos fósseis de mosassauro parecidos têm sido encontrados ao redor do mundo.

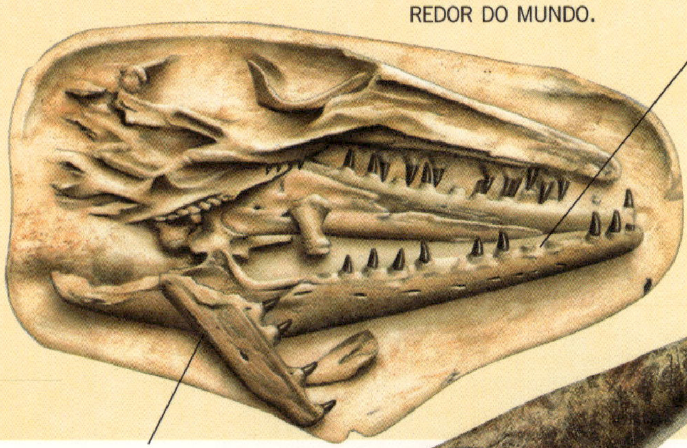

As mandíbulas tinham mais de 1 metro de comprimento, mas desde então, mandíbulas mais compridas têm sido encontradas.

As mandíbulas do mosassauro encontrado em Maastricht foram quebradas no processo de fossilização.

◀ O Elasmossauro era um dos répteis marinhos mais extraordinários de todos os tempos. Seu pescoço tinha cerca de 8 metros de comprimento, muito mais comprido do que o restante do corpo e cauda. Ele utilizava o pescoço para se lançar e abocanhar peixes.

O PLESIOSSAURO

Estes répteis marinhos nadavam com quatro grandes nadadeiras. Eles evoluíram durante o Jurássico, mas quando os pisciformes ictiossauros pereceram no Cretáceo, os plesiossauros assumiram o controle. Havia duas linhas evolutivas entre os plesiossauros. A primeira tinha pescoços compridos e cabeças pequenas e, provavelmente, comia peixes. A segunda linha tinha pescoços curtos e cabeças grandes com mandíbulas poderosas. Eles provavelmente caçavam outros répteis marinhos, assim como tubarões e peixes maiores.

O ARQUELÔNIO

Esta gigantesca tartaruga vivia nos mares rasos, que cobriam boa parte da América do Norte mais para o final do Cretáceo. Ela chegava a ter quase 4 metros de comprimento e era uma das maiores tartarugas que já viveu. A carapaça era uma pele coriácea esticada sobre placas ósseas. As nadadeiras dianteiras eram muito maiores do que as traseiras e, provavelmente, proporcionavam a maior parte da energia para nadar. As nadadeiras traseiras podem ter sido usadas para guiar. Suas mandíbulas eram muito fracas, por isso o Arquelônio pode ter se alimentado de moluscos, que se aglomeravam em grandes quantidades. O Arquelônio era tão imenso que poucos predadores ousavam atacá-lo.

▲ O Kronossauro era o maior e mais poderoso de todos os répteis marinhos. Ele alcançava quase 13 metros de comprimento e tinha mandíbulas mais fortes do que as do Tiranossauro. Ele provavelmente caçava outros répteis marinhos.

O Mundo Cretáceo 8
Novos Predadores Marinhos 10
Carnívoros 24

A VIDA NO MAR

Conforme os mares rasos se expandiam e diminuíam diversas vezes durante o Período Cretáceo, a vida nos mares mudava drasticamente. Formas de vida mais antigas desapareciam e novas espécies surgiam. Algumas mais tarde se tornaram extintas, mas outras ainda estão por aí hoje em dia.

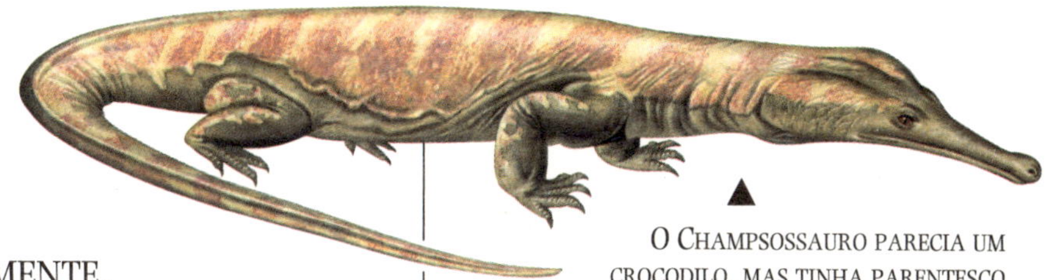

O Champsossauro parecia um crocodilo, mas tinha parentesco mais próximo com os lagartos. Com suas poderosas mandíbulas e dentes afiados como agulhas, o Champsossauro era um caçador especializado de peixes.

TELEÓSTEOS E NOVOS TUBARÕES

Os tubarões de hoje evoluíram a partir de formas mais antigas no início do Cretáceo. Os novos tubarões, ou neoselachianos, mantiveram o esqueleto de cartilagem dos tubarões mais antigos, mas a espinha dorsal foi fortificada com cálcio como o dos ossos. Entre os peixes ósseos, houve uma revolução quando os teleósteos, ou peixes de nadadeiras raiadas, evoluíram abruptamente para dominar os mares. Ao final do Cretáceo, os teleósteos eram de longe os peixes mais numerosos em quase todo hábitat aquático.

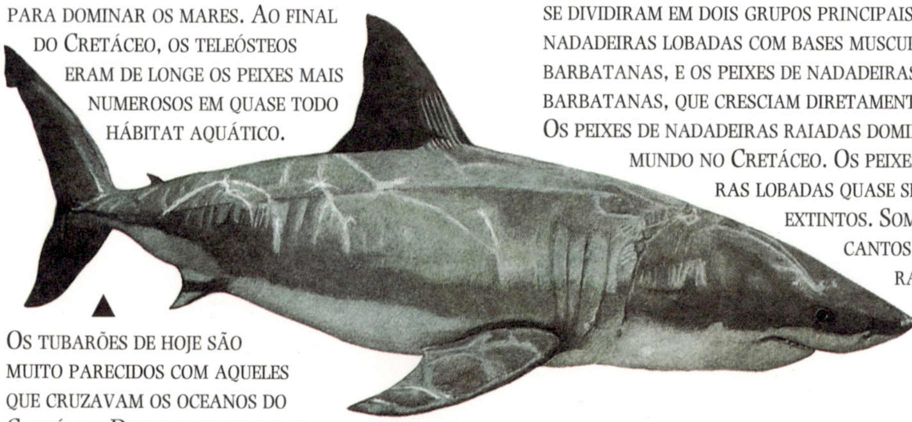

Os tubarões de hoje são muito parecidos com aqueles que cruzavam os oceanos do Cretáceo. Diferentemente dos tubarões mais antigos, estes novos tubarões tinham uma articulação flexível nas mandíbulas que lhes permitia abrir bastante a boca para arrancar grandes nacos da carne de uma vítima.

OS PEIXES ÓSSEOS ▲

Os primeiros peixes com esqueletos de osso apareceram cerca de 400 MAA. Eles rapidamente se dividiram em dois grupos principais: os peixes de nadadeiras lobadas com bases musculares para as barbatanas, e os peixes de nadadeiras raiadas com barbatanas, que cresciam diretamente do corpo. Os peixes de nadadeiras raiadas dominaram o mundo no Cretáceo. Os peixes de nadadeiras lobadas quase se tornaram extintos. Somente os celacantos sobreviveram em águas profundas.

ÁGUA DOCE E PÂNTANOS

Mudanças similares a essas nos oceanos também aconteceram em rios e pântanos. Famílias de peixes que haviam dominado por mais de 100 milhões de anos se tornaram extintas. Em seu lugar, os peixes teleósteos prosperaram e uma variedade de répteis especialmente adaptados para caçar estas presas escorregadias apareceu. As águas também eram o lar de muitas espécies de crocodilos. Diferentemente da maioria dos grandes répteis, os crocodilos sobreviveram à extinção em massa no final do Cretáceo e continuam a viver em águas mornas até os dias de hoje.

NO FUNDO DO MAR

O fundo do mar nem sempre era o melhor lugar para se viver. Por milhões de anos, poucas coisas podiam viver nos grandes trechos do fundo do mar carentes de oxigênio e recobertos por espessa lama negra. Em outras épocas, os mares rasos iluminados pelo sol fervilhavam com vida. Os animais do Cretáceo evoluíram para lidar com condições alteradas. Moluscos bivalves, como os mexilhões e ostras, foram muito bem-sucedidos e viviam em grandes quantidades. Alguns deles alcançavam 2 metros de diâmetro e formavam grandes camadas de conchas.

As estrelas-do-mar apareceram no Cretáceo e se tornaram caçadoras especializadas de moluscos. A estrela-do-mar agarrava as duas conchas em seus tentáculos e as abria para comer o animal no interior.

O Deinosuchus foi o maior crocodilo que já viveu. Ele alcançava cerca de 15 metros de comprimento e, provavelmente, caçava dinossauros maiores enquanto eles bebiam nos rios ou lagos.

Brigando pelas Fêmeas

Dois Paquicefalossauros machos arremetem um contra o outro durante uma luta de cabeçadas por causa de fêmeas. Estes dinossauros tinham ossos de crânio intensamente espessos, que eram usados nestas disputas de trituração de ossos. O macho que pudesse bater mais forte vencia a luta – e podia acasalar com a fêmea.

O dinossauro australiano Mutaburrassauro tinha um nariz protuberante. Se o dinossauro assoprasse forte dentro da pele esticada sobre os ossos do nariz, criaria um brado alto e estrondoso.
▼

NAMORO E ACASALAMENTO

Todos os animais precisam acasalar, a fim de gerar filhotes e manter as espécies vivas em gerações futuras. Cada espécie tem sua própria maneira de atrair ou escolher um parceiro. Algumas espécies usam rituais ou sinais. Os dinossauros e outros animais, provavelmente, devem ter tido rituais de namoro tão complicados quanto os dos animais modernos.

BRADO

Muitos animais, especialmente aqueles que vivem nas florestas, bradam uns com os outros. Os sons viajam por longas distâncias para que os animais saibam que outros estão presentes mesmo quando não podem avistá-los. Isso pode ser importante no namoro. Uma fêmea pode dar um brado especial para informar, a qualquer macho na redondeza, que ela está pronta para acasalar. Alguns dinossauros tinham cavidades e bolsas de pele especiais que teriam ajudado a amplificar seus brados. Eles podem tê-los usado para bradar pelas florestas como parte de seus rituais de namoro.

A CONTINUAÇÃO DAS ESPÉCIES

Para que uma espécie sobrevivesse, os adultos tinham que acasalar e gerar filhotes. Não está claro como os dinossauros se acasalavam, mas os cientistas acreditam que seus hábitos eram parecidos com os das aves e répteis de hoje.

▼ O Iberomesórnis vivia na Espanha no início do Cretáceo. Diferentemente das aves posteriores, ele tinha dentes como os seus ancestrais dinossauros. Esse animal, provavelmente, vivia em florestas densas e assim pode ter tido plumagem em cores vivas, especialmente durante a época da nidificação.

Nidificando Grupos de Gigantes 18
Mães e Ovos 20
Cabeças e Crânios 36

O fóssil de Edmontossauro mostra que ele tinha uma aba de pele sobre o nariz e o focinho que podia ser inflada. Isso, provavelmente, tornava seu brado mais alto (veja acima), mas pode também ter sido para adorno. ▼

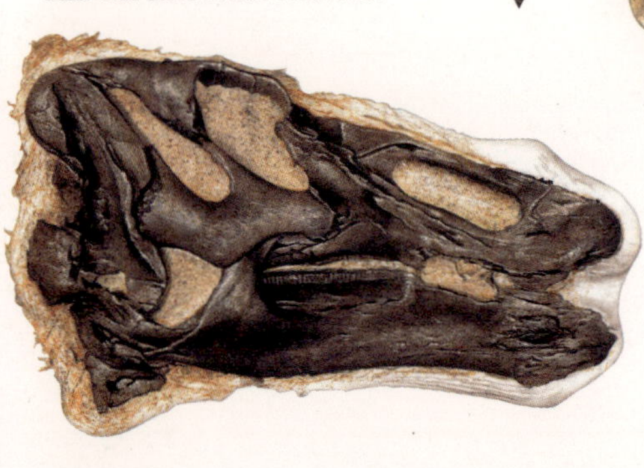

▲
O Tricerátopo tinha um grande folho ósseo atrás do crânio. Normalmente, ficaria acomodado ao longo das costas, mas se a cabeça oscilasse para frente, o folho ficava de pé como a cauda de um pavão. Pode ser sido um adorno para atrair um parceiro.

USANDO COR E SINAIS

Uma das maneiras mais comuns para um animal atrair um parceiro é mostrar cores vivas ou exibir parte de seu corpo para o parceiro em potencial. Muitos répteis modernos possuem abas de pele, que podem ser erguidas para ostentar para um parceiro. Estas abas muitas vezes têm cores vivas para torná-las mais visíveis. Os dinossauros provavelmente também tinham manchas brilhantes de pele para esta finalidade. Alguns cientistas acreditam que um grupo de dinossauros carnívoros velozes desenvolveu escamas especiais sobre a pele, que podiam ser erguidas para criar adornos diferenciados.

◀ Muitos dinossauros do grupo dos hadrossauros tinham grandes cristas ósseas no alto do crânio. Se essas fossem recobertas por pele em cores vivas, estas cristas teriam sido adornos eficientes. Talvez os hadrossauros fossem capazes de mudar as cores destas cristas, assim como alguns lagartos atuais mudam a cor de sua pele.

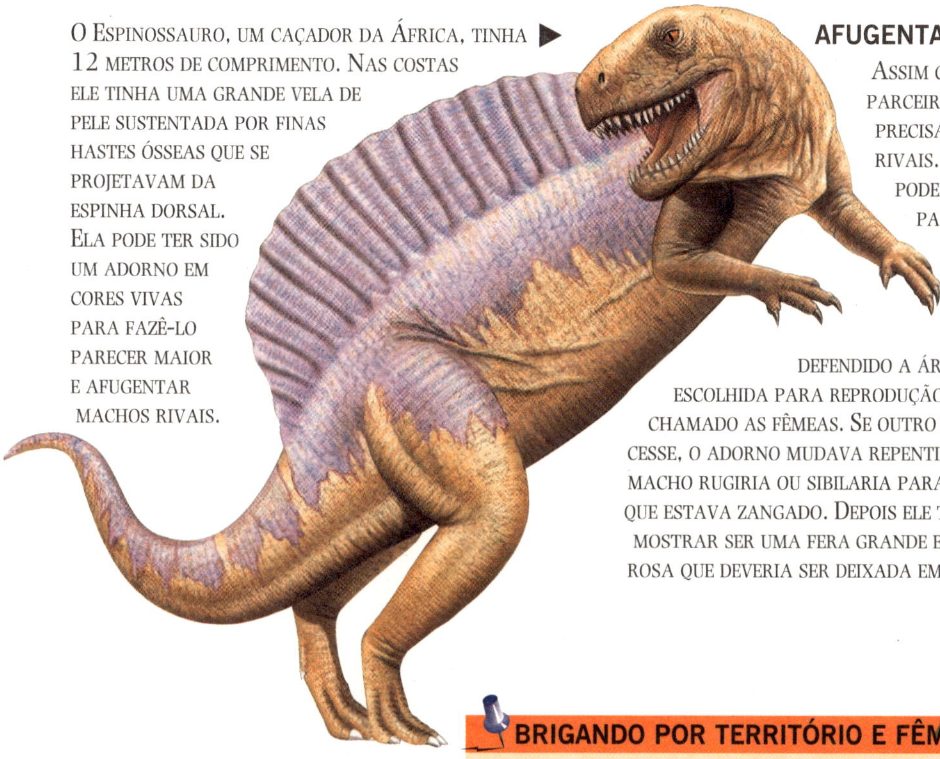

O Espinossauro, um caçador da África, tinha ▶ 12 metros de comprimento. Nas costas ele tinha uma grande vela de pele sustentada por finas hastes ósseas que se projetavam da espinha dorsal. Ela pode ter sido um adorno em cores vivas para fazê-lo parecer maior e afugentar machos rivais.

AFUGENTANDO RIVAIS

Assim como atrair parceiros, os animais precisavam rechaçar rivais. Alguns adornos podem ter sido usados para amedrontar um macho rival em vez de atrair uma fêmea. Um dinossauro macho teria defendido a área de território escolhida para reprodução e ostentado ou chamado as fêmeas. Se outro macho aparecesse, o adorno mudava repentinamente. O macho rugiria ou sibilaria para mostrar que estava zangado. Depois ele tentaria mostrar ser uma fera grande e poderosa que deveria ser deixada em paz.

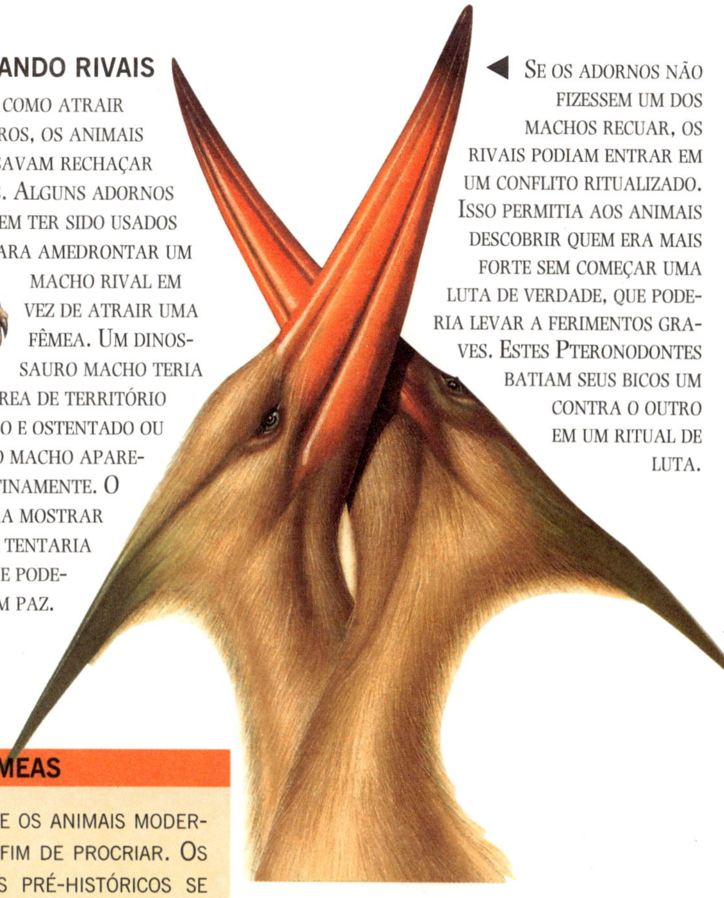

◀ Se os adornos não fizessem um dos machos recuar, os rivais podiam entrar em um conflito ritualizado. Isso permitia aos animais descobrir quem era mais forte sem começar uma luta de verdade, que poderia levar a ferimentos graves. Estes Pteronodontes batiam seus bicos um contra o outro em um ritual de luta.

BRIGANDO POR TERRITÓRIO E FÊMEAS

Acasalar e namorar nem sempre é fácil, e os animais modernos muitas vezes recorrem à agressão a fim de procriar. Os cientistas acreditam que alguns animais pré-históricos se comportavam da mesma maneira. Os Pteronodontes, muito provavelmente, usavam seus bicos e cabeças com 1,8 metro para reinvindicar território e atrair fêmeas. Os adversários teriam batido os bicos uns contra os outros para tentar desequilibrar seu rival. Quando um dos pteronodontes recuava, isso significava que ele havia perdido. Assim como os veados machos lutam com suas galhadas, os dinossauros com chifres usavam seus folhos e chifres. Eles podem ter entrelaçado chifres e brigado até que o mais fraco dos dois se retirasse.

O Ornithocheirus macho bradava alto para as fêmeas e exibia seu bico em cores vivas. Se suas asas se danificassem em voos por território, poderiam ficar incapazes de voar e ser mortos por dinossauros carnívoros. ▼

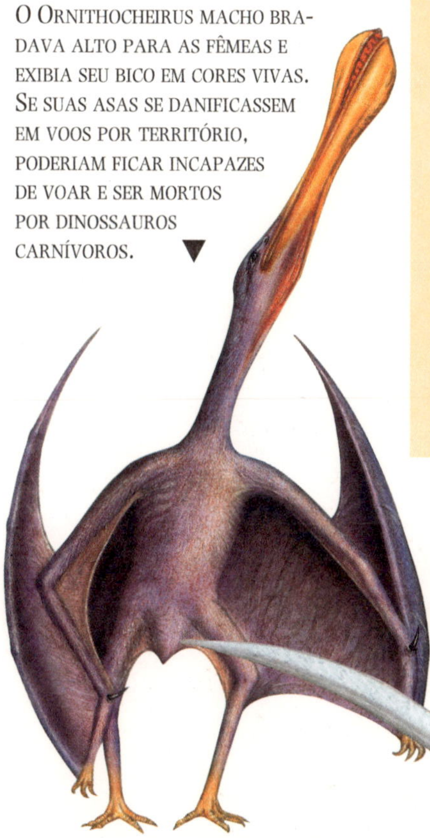

▼ Os Pentacerátopos machos exibiam seus grandes folhos de pescoço enquanto se preparavam para lutar. Se isso não produzisse um vencedor, eles lutariam com seus compridos chifres afiados.

O SACRIFÍCIO DO PTEROSSAURO MACHO

Muitos paleontologistas acreditam que os pterossauros tinham locais de reprodução muito específicos. Assim como alguns animais de hoje, os pterossauros provavelmente se acasalavam apenas uma vez por ano, por isso era muito importante que fossem bem-sucedidos. Os machos chegavam ao território escolhido primeiro e demarcavam uma posição. Cada macho necessitava de espaço o suficiente para exibir sua envergadura. O espaço era limitado, por isso a agressão e a competição eram violentas. As fêmeas chegavam mais tarde, inspecionavam as fileiras de machos e escolhiam um parceiro baseadas no tamanho das asas e nas cristas do bico. As lutas, muitas vezes, irrompiam durante as ostentações de namoro, que duravam por alguns dias. Muitos machos morriam de exaustão pelo calor ou das feridas que recebiam nas lutas.

O Pteranodonte era um pterodátilo voador com uma grande crista óssea no final do crânio. ◀ Essa crista pode ter tido cores vivas ou tido uma aba de pele ou pelo que pudesse ser erguida para assustar os machos rivais.

Nidificando Grupos de Gigantes

Os hadrossauros, ou dinossauros de bico-de-pato, viviam em grandes bandos durante o Período Cretáceo. Na época de reprodução, todas as fêmeas botavam seus ovos ao mesmo tempo para formar uma vasta colônia. Pesadas demais para se sentar sobre os ovos, as futuras mamães gigantes provavelmente cobriam seus ninhos com vegetação e, então, cuidavam de seus filhotes assim que eclodiam. Estes filhotes de dinossauro acabaram de sair de seus ovos de casca dura para dar sua primeira olhada no mundo.

MÃES E OVOS

COMO ERA UMA MAMÃE DINOSSAURO – ASSUSTADORA E VIOLENTA OU CUIDADOSA E GENTIL? DESCOBERTAS DE OVOS FOSSILIZADOS, FILHOTES DE DINOSSAUROS, NINHOS E ATÉ EMBRIÕES AINDA DENTRO DE SEUS OVOS TÊM REVELADO MUITO SOBRE COMO OS DINOSSAUROS NIDIFICAVAM E COMO ELES CRIAVAM SEUS FILHOTES. É ATÉ POSSÍVEL DESCOBRIR SE ERAM BONS PAIS.

TESOURO ENTERRADO

ENCONTRARAM-SE OVOS FOSSILIZADOS DE DINOSSAURO EM CERCA DE 200 LOCAIS, MAS PROVAVELMENTE EXISTEM MUITOS AINDA ESCONDIDOS. ELES PARECEM PEDRAS, E PODEM FICAR ESCONDIDOS POR MUITO MAIS ANOS.

ESTA NINHADA DE OVOS FOI POSTA POR UM THERIZINOSSAURO ENTRE 110 E 65 MAA. ▼

ESTE FÓSSIL MOSTRA UMA MÃE OVIRÁPTOR NO ALTO DE SEUS OVOS. ELA MORREU 80 MAA, ENQUANTO OS PROTEGIA DE UMA TEMPESTADE OU ENCHENTE. ISSO SUGERE QUE OS DINOSSAUROS CUIDAVAM DE SEUS FILHOTES. ▼

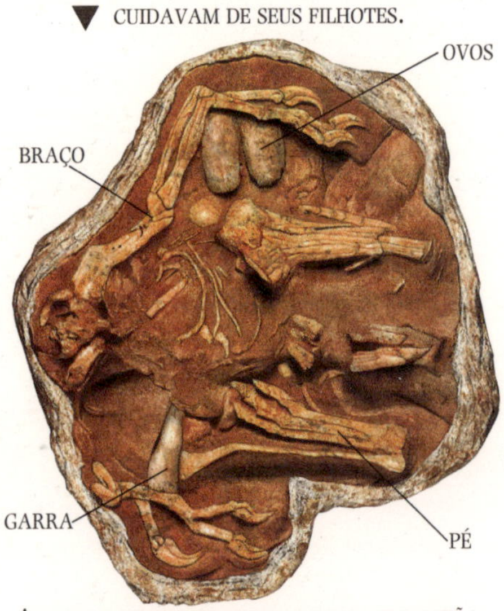

ALGUNS DESTES OVOS DE HADROSSAURO ESTÃO ECLODINDO. OS DINOSSAUROS BOTAVAM MUITOS OVOS PARA AUMENTAR AS CHANCES DE QUE OS FILHOTES DE DINOSSAUROS VIVERIAM PARA SE TORNAREM ADULTOS. ▼

BRIGANDO PELAS FÊMEAS 14
NAMORO E ACASALAMENTO 16
NIDIFICANDO GRUPOS DE GIGANTES 18

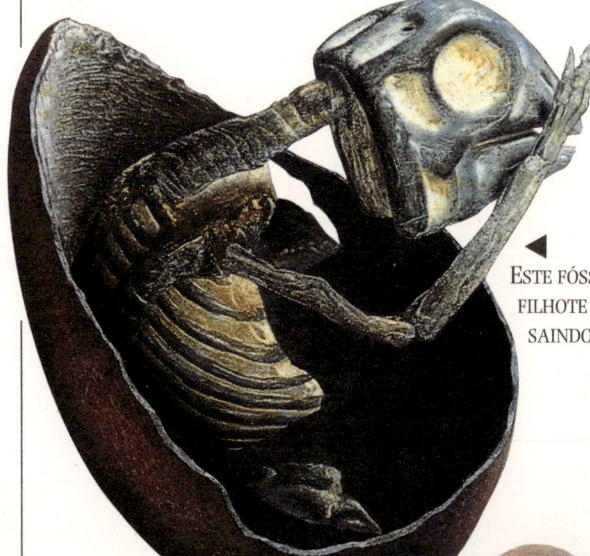

◀ ESTE FÓSSIL MOSTRA UM FILHOTE DE DINOSSAURO SAINDO DE SEU OVO.

▲ ESTE MODELO MOSTRA COMO UM EMBRIÃO DE THERIZINOSSAURO PODE TER APARENTADO. ELE PARECE DORMIR PROFUNDAMENTE, MAS MEIO APERTADO EM SEU OVO ACONCHEGANTE.

PEQUENOS COMEÇOS

ALGUNS OVOS DE DINOSSAURO CHEGAVAM A 46 CM, MAS MUITOS ERAM PEQUENOS O BASTANTE PARA SE SEGURAR NA PALMA DE UMA MÃO HUMANA. UM OVO PEQUENO NÃO SIGNIFICAVA QUE O DINOSSAURO TAMBÉM SERIA PEQUENO. MUITOS DINOSSAUROS IMENSOS ECLODIAM DE OVOS PEQUENOS, ASSIM COMO GRANDES CARVALHOS QUE CRESCEM DE PEQUENINAS SEMENTES DE BOLOTA.

▶ ESTE MODELO MOSTRA UM EMBRIÃO EM SEU OVO, COM VASOS SANGUÍNEOS LIGADOS À GEMA E O CORDÃO UMBILICAL UNIDO AO ESTÔMAGO DO DINOSSAURO.

VIVENDO EM UMA CONCHA

OS DINOSSAUROS BOTAVAM OVOS COM CASCA RESISTENTE COMO AS AVES FAZEM HOJE EM DIA. OS OVOS TINHAM UMA GEMA QUE CONTINHA ALIMENTO PARA O EMBRIÃO (O NOME DO FILHOTE ANTES DE NASCER) EM CRESCIMENTO, E VASOS SANGUÍNEOS QUE TRAZIAM ALIMENTO PARA O EMBRIÃO. ESTES VASOS SANGUÍNEOS SE JUNTAVAM SE AMONTOAVAM PARA FORMAR UMA PLACENTA. ELA CONDUZIA A UM TUBO CHAMADO CORDÃO UMBILICAL, QUE TRANSPORTAVA O ALIMENTO ATÉ O ESTÔMAGO DO FILHOTE.

▼ As duas mamães Maiassauro estão cuidando de seus filhotes. Alguns dos filhotes começaram a eclodir, e as duas mamães estão atentas aos Oviráptores (o nome significa "ladrão de ovo") que talvez queiram roubar e comer os ovos não eclodidos. Assim como muitos dinossauros que eram pesados demais para se sentar em cima dos seus ovos, esta Maiassauro (abaixo à direita) construiu um ninho feito de terra, com lados altos para sustentar seu corpo para que ela não quebre os ovos.

AS BOAS MAMÃES DINOSSAUROS

O nome Maiassauro ou Maiassaura significa "boa mãe", e foi dado a uma espécie de dinossauro de bico-de-pato conhecida por ter cuidado com seus filhotes. Elas construíam ninhos, muitas vezes ao longo das margens dos rios, e cuidavam de seus filhotes com muito cuidado. Muitos dinossauros cobriam seus ovos com folhas de plantas, que forneciam calor ao apodrecer. Isso teria mantido os ovos aquecidos – e muito fedorentos! Muitas mães dinossauro retornavam ao mesmo lugar a cada ano para procriar, e elas ficavam em grandes grupos e faziam ninhos próximos. Elas ficavam em grupos para tornar mais difícil aos predadores roubar seus ovos. Isso ajudava mais filhotes de Maiassauro a sobreviver. Os filhotes ficavam no ninho após eclodir e os dinossauros adultos lhes traziam comida até que estivessem maiores e mais capazes de cuidar de si.

▼ Esta mamãe Leaelinassaura cobriu seus ovos com uma pilha de folhas.
Ela testa a temperatura do ninho com seu bico.

BICOS TERMÔMETRO

Para um embrião se desenvolver e crescer adequadamente dentro de um ovo, ele tem que ser mantido exatamente na temperatura certa. Se ficar frio demais, o filhote não consegue se desenvolver, e se ficar quente demais, ele morrerá. Todos os ovos de dinossauro eram porosos, o que significa que eles deixavam entrar e sair ar e calor, mas ainda era difícil manter a temperatura certa. Alguns dinossauros desenvolveram uma maneira inteligente de cuidar de seus ovos. Eles enfiavam seus bicos sensíveis dentro do ninho para saber se esse estava na temperatura certa.

Assassinos Ágeis

Bandos de Deinonico letais vasculhavam o campo em busca de uma presa. Embora bastante pequeno – um animal totalmente crescido tinha cerca de 3 metros de comprimento e pesava 60 kg – estes caçadores teriam aterrorizado até mesmo os maiores herbívoros. Armados com uma garra de dedo giratória e mortal (Deinonico significa "garra terrível") e poderosas mandíbulas com bordas serrilhadas para rasgar a carne de suas vítimas, eles caçavam em bandos, muito como os lobos de hoje em dia. Assim como estes Deinonicos que atacaram um imenso Tricerátopo, eles eram capazes de abater uma presa várias vezes maior do que eles próprios.

CARNÍVOROS

Os mais terríveis e temidos de todos os dinossauros, os carnívoros dominaram a Terra durante o Período Cretáceo. Alguns se tornaram incrivelmente grandes, a fim de caçar herbívoros gigantes. Outros eram necrófagos que usavam o olfato para encontrar restos mortais. Muitos caçavam em bandos para dominar a presa. Cada espécie tinha sua própria maneira de matar as vítimas. Eles muitas vezes usavam garras terríveis e dentes afiados como navalha. Embora muitos comessem grandes herbívoros, outros carnívoros se alimentavam de pequenos mamíferos ou peixes.

GARRAS E MANDÍBULAS

As armas mais importantes para caçar são mandíbulas poderosas repletas de dentes afiados para morder, e garras grandes e fortes capazes de atravessar a carne ou agarrar a presa.

MORDIDA TERRÍVEL

As mandíbulas do Tiranossauro eram tão poderosas, e os compridos dentes encurvados tão afiados, que eles podiam morder direto até o osso. O pescoço era forte, e presas pequenas podiam ser pegas e chacoalhadas até morrer.

◀ O dente de dinossauro mais comprido já encontrado (à esquerda), 40 cm, é perfeitamente criado para dilacerar carne. Este aqui pertenceu a um Gigantossauro, que podia ferir mortalmente a presa em uma única mordida.

Estes restos mortais são suficientes para alimentar um Tiranossauro por vários dias. ▶

BEM PROJETADO

O Tiranossauro evoluiu para uma incrível máquina assassina. A cauda não conseguia equilibrar o peso da imensa cabeça, então os braços eram pequenos e leves, mas terminavam em duas garras afiadas.

GARRAS PODEROSAS

Muitos carnívoros tinham garras grandes que podiam agitar para baixo para cortar a vítima em pedaços, ou agarrar presas menores. As maiores garras já encontradas pertenciam a um Megaraptor, e foram usadas para retalhar a presa em pedaços.

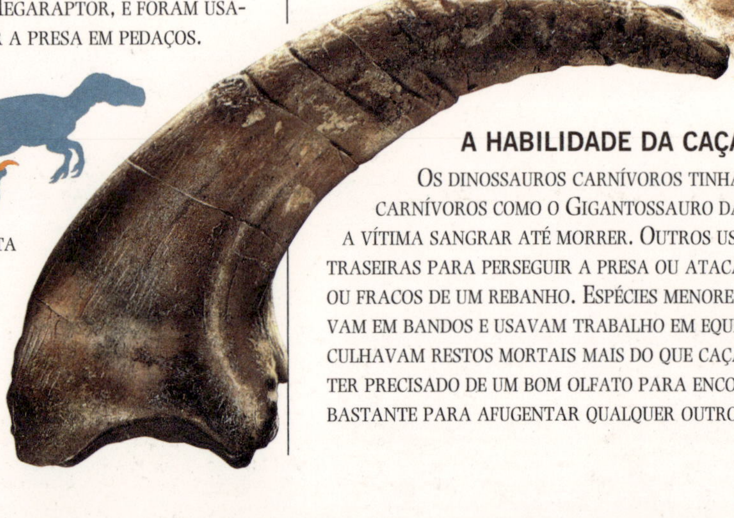

Medindo 27 cm, esta garra do dedo do pé do Megaraptor (à direita e exibida em escala acima) é como uma imensa faca encurvada.

A HABILIDADE DA CAÇA

Os dinossauros carnívoros tinham maneiras diferentes de encontrar alimento. Os grandes carnívoros como o Gigantossauro davam uma grande mordida, depois esperavam a vítima sangrar até morrer. Outros usavam suas poderosas pernas traseiras para perseguir a presa ou atacavam os animais idosos ou fracos de um rebanho. Espécies menores, muitas vezes, caçavam em bandos e usavam trabalho em equipe para atacar de todos os lados. Alguns carnívoros vasculhavam restos mortais mais do que caçavam. Isso era menos perigoso e poupava energia. Eles devem ter precisado de um bom olfato para encontrar carniça (corpos mortos), e tinham que ser violentos o bastante para afugentar qualquer outro que talvez quisesse compartilhar o banquete.

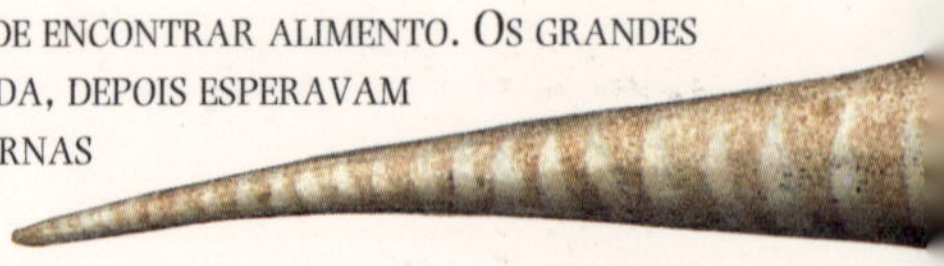

A cadeia alimentar

Os herbívoros tinham que comer imensas quantidades de vegetação, que fornece pouca energia para sobreviver, mas muitos carnívoros podiam sobreviver por vários dias dos restos mortais de um herbívoro, já que a carne fornece mais energia. Uns poucos carnívoros enormes comiam outros carnívoros menores e também herbívoros.

Pesca escorregadia

O Barionix se alimentava de peixes. Ele podia agarrá-los da água abocanhando com as mandíbulas compridas e estreitas que eram similares às de um crocodilo, e segurar sua presa escorregadia com as garras em gancho do polegar e um aperto firme e forte. A vela espinhosa em suas costas atuava como uma barbatana para ajudá-los a se movimentar rapidamente na água, onde aguardavam peixes que passassem nadando.

Arremetendo do céu

Os carnívoros caçavam tanto dos céus como da terra. Os pterossauros em forma de ave tinham uma visão excelente do céu e podiam arremeter para apanhar peixes de lagos e mares com seus bicos compridos, ou encontrar carniças carregadas pela água até a praia para comer. Este Tapejara tinha uma envergadura de 5 metros, mas diferentemente de outros pterossauros que podiam planar por centenas de quilômetros, ele voava lentamente porque a crista em cores vivas em seu bico era três vezes maior que sua cabeça. Isso tornava difícil não perder o equilíbrio com o vento. A crista era provavelmente usada para atrair fêmeas durante a época do acasalamento.

▶ O Tricerátopo pode ter exibido cores de advertência no folho ou na crista óssea da cabeça para tentar intimidar um predador.

Este azarado Parassaurolofo virou jantar, mas não antes de alardear para advertir seu bando da presença de um predador. ▼

◀ Os Velociraptores tinham mandíbulas estreitas como as de um crocodilo, e garras de dedo do pé afiadas feito navalha que podiam balançar para frente para perfurar a pele.

Velozes e espertos

Os maiores dinossauros nem sempre eram os mais perigosos. Inteligência e velocidade podiam ser também bem mortais. Os Velociraptores, como este (à direita), podiam correr a 51 km por hora e podem ter sido capazes de se comunicar enquanto caçavam em bandos.

O Mundo Cretáceo 8
Namoro e Acasalamento 16
Assassinos Ágeis 22
Dinossauros Blindados 28

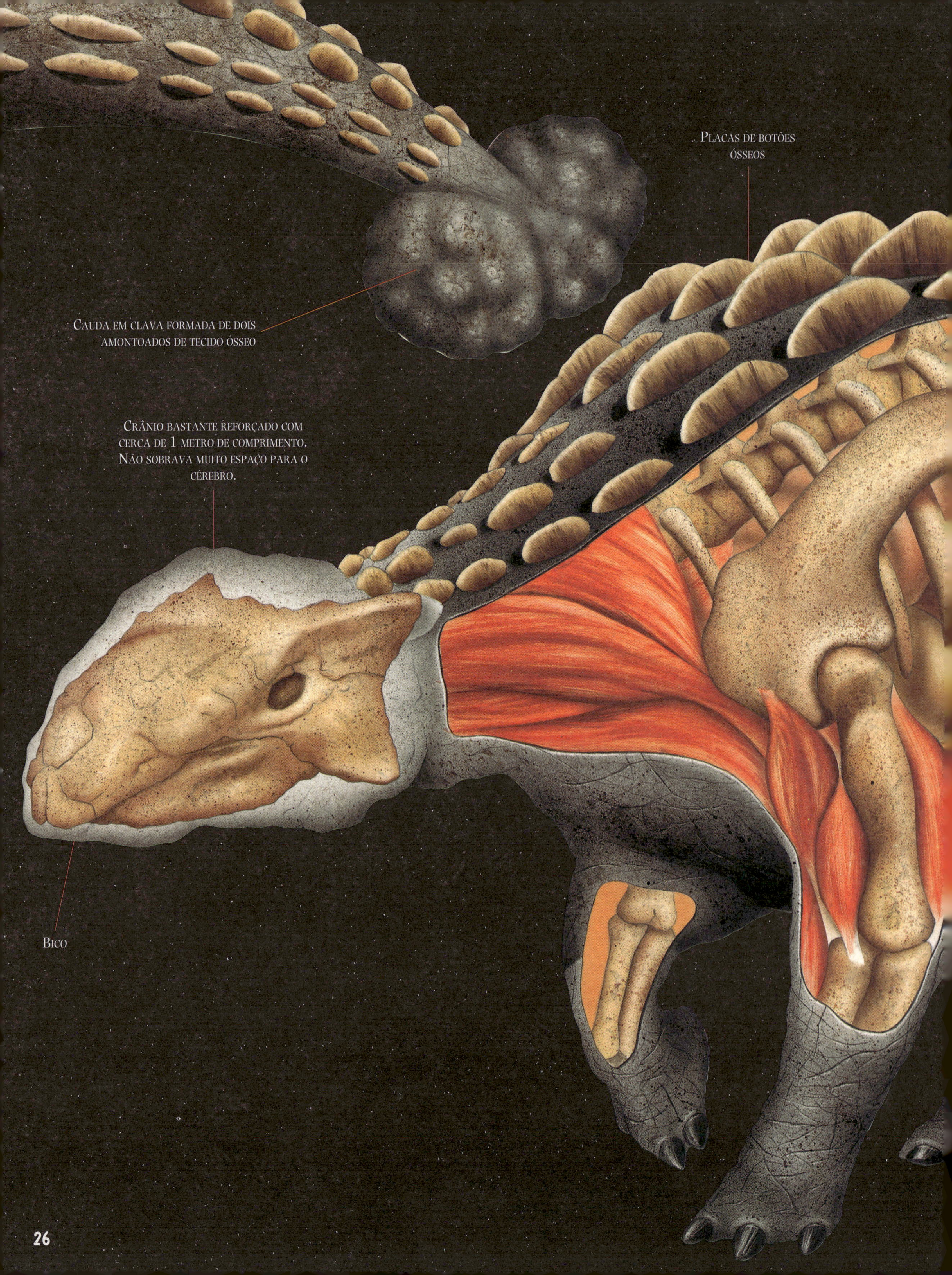

Placas de botões ósseos
Cauda em clava formada de dois amontoados de tecido ósseo
Crânio bastante reforçado com cerca de 1 metro de comprimento. Não sobrava muito espaço para o cérebro.
Bico

No Interior de um Dinossauro Blindado

O Anquilossauro foi o maior dos dinossauros blindados. Ele era um tanque vivo, com armadura capaz de resistir os ataques mais implacáveis, e uma violenta arma de cauda com a qual revidava. Alguns predadores eram corajosos o bastante para enfrentar um Anquilossauro adulto.

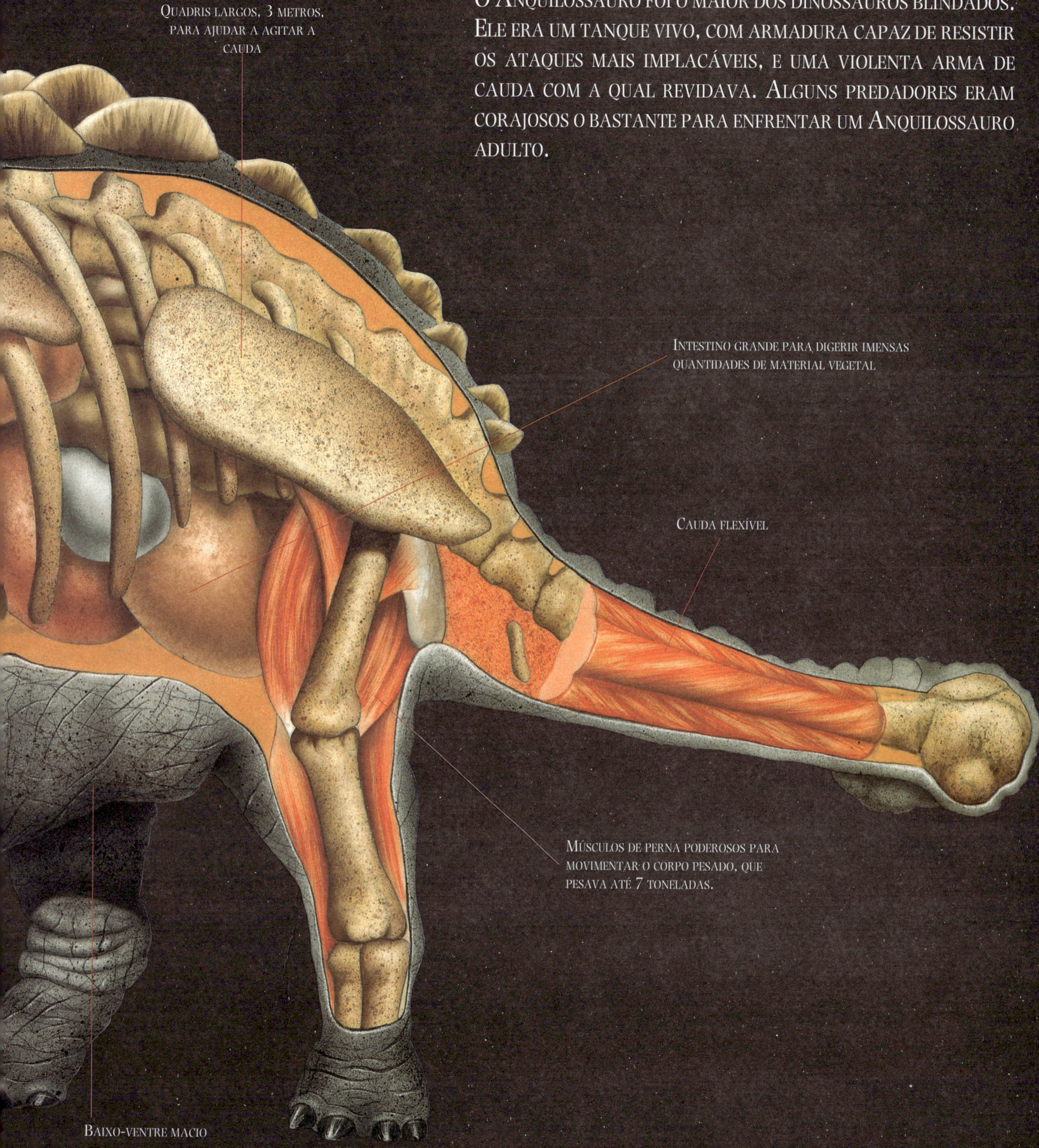

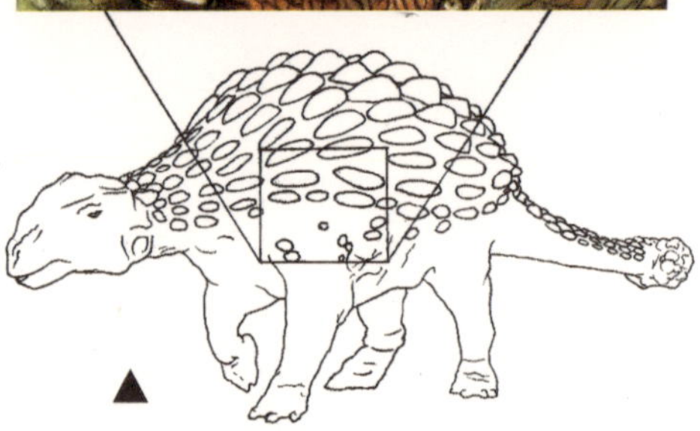

Uma seção fossilizada do couro cru do Anquilossauro. A pele está incrustada de placas ósseas de diversos tamanhos, mas todas são espessas o bastante para deter as garras de um predador.

O QUE REVELA UM NOME?

As duas famílias de dinossauros blindados são parentes próximas e possuem nomes que descrevem suas armaduras. Os nodossaurídeos receberam esse nome por causa dos nódulos de osso em sua pele blindada. Estes nódulos se acomodavam juntos para formar uma lâmina inflexível. O nome anquilossauro significa "lagarto fundido", e se refere às faixas de osso sólido que corriam de lado a lado através das costas deste dinossauro. A armadura do anquilossauro era flexível e lhe permitia se mover mais facilmente.

O Mundo Cretáceo 8
Namoro e Acasalamento 16
No Interior de um Dinossauro Blindado 26

Os dinossauros blindados se encontravam principalmente nos continentes do norte. A mais antiga família dos nodossaurídeos se encontrava na Europa e América do Norte, mas os anquilossaurídeos posteriores se encontravam no oeste da América do Norte e leste da Ásia. Os anquilossaurídeos provavelmente evoluíram dos nodossaurídeos que viviam na América do Norte cerca de 110 maa.

● Anquilossaurídeos
● Nodossaurídeos

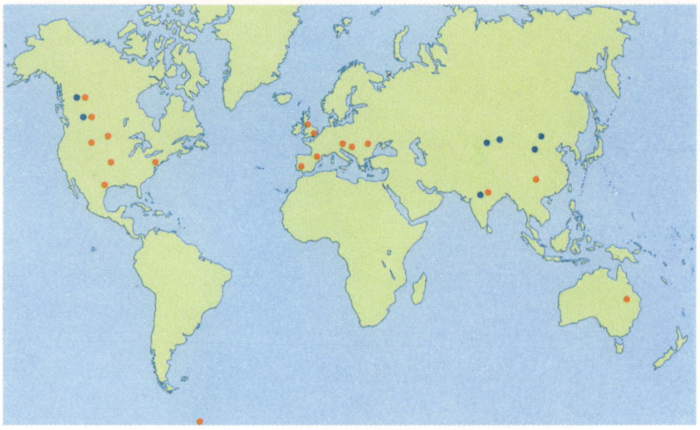

DINOSSAUROS BLINDADOS

Os dinossauros blindados apareceram na Europa bem no início do Cretáceo e depois se espalharam até a América do Norte e partes da Ásia. Esses eram dinossauros de médio porte, com cerca de 3 a 8 metros de comprimento, mas tinham compleição robusta com corpos pesados e sólida armadura óssea. Eles andavam de quatro e comiam plantas. Os cientistas encontraram relativamente poucos fósseis destes dinossauros. Isso pode significar que não havia muitos deles ou que eles viviam em áreas em que os fósseis não se formam com frequência, como nas montanhas.

O Nodossauro vivia na América do Norte cerca de 95 maa. A resistente armadura óssea percorria desde o alto de sua cabeça, descendo pelas costas, até a ponta da cauda.

O Polacanto era um nodossaurídeos que vivia na Europa aproximadamente 120 maa. Assim como nódulos blindados, ele tinha espinhos compridos que provavelmente usava para rechaçar predadores. Não havia pontas na área do quadril, em que a armadura era mais espessa.

OS NODOSSAURÍDEOS

Os nodossaurídeos foram os mais primitivos dinossauros blindados. Eles andavam de quatro e eram protegidos pelas placas e espinhos da blindagem. Os crânios eram feitos de ossos espessos, tinham dentes pequenos e simples e um bico pontudo na frente das mandíbulas. Eles provavelmente comiam vegetação rasteira que não precisasse ser muito mastigada.

O Pinacossauro tinha aproximadamente 5 metros de comprimento, mas era muito mais esguio do que a maioria dos outros dinossauros blindados. Ele viveu na América do Norte cerca de 80 maa. Assim como outros dinossauros blindados, ele tinha dentes fracos e pequenos. Alguns cientistas acreditam que ele comia frutas macias em vez de folhas ou hastes resistentes. ▶

OS ANQUILOSSAURÍDEOS

Os anquilossaurídeos mais avançados evoluíram cerca de 110 maa na Ásia ou América do Norte, mas nunca se espalharam para a Europa. Sua blindagem era mais flexível e completa do que a dos nodossaurídeos – até mesmo as sobrancelhas tinham uma cobertura óssea. Na ponta de suas caudas musculares, os anquilossauros tinham uma grande e sólida protuberância óssea que pesava muitos quilos. Ele podia balançar de um lado para outro como uma arma para combater agressores. Um golpe da clava teria sido capaz de mutilar ou até mesmo matar um predador como o Tiranossauro.

PLACAS BLINDADAS

Os nodossaurídeos e anquilossaurídeos usavam sua blindagem para se defender contra dinossauros caçadores. Na época em que os dinossauros blindados viviam, os caçadores abrangiam gigantes tão poderosos como o Tiranossauro e o Albertossauro. Muitos dinossauros tinham botões ósseos pela pele, mas nos dinossauros blindados, esses cobriam quase a superfície inteira do corpo. A parte posterior do pescoço, corpo e cauda eram revestidas de sólidas lâminas de osso das quais se projetavam cumes, espinhos e saliências. Os crânios eram especialmente bem protegidos. As criaturas tinham ossos de crânio espessos, bem como grandes placas de osso que cresciam a partir da pele para cobrir a cabeça. Em algumas espécies, os olhos e narinas eram recobertos de blindagem também.

▶ Um dos mais conhecidos dinossauros blindados foi o Euoplocéfalo, que significa "cabeça bem blindada". Os cientistas encontraram diversos esqueletos e muitos exemplares da blindagem desta criatura imensa. Assim como a blindagem usual do anquilossauro, este dinossauro tinha espinhos nos ombros e na nuca, e pontas menores nas costas.

▲ Para enfrentar um grande agressor, os nodossaurídeos se agachavam rente ao solo e agarravam a terra com suas garras. Somente sua superfície superior altamente blindada ficaria exposta. O baixo-ventre macio do Hylaeossauro ficava protegido de ferimentos, comprimido no solo.

ESTRATÉGIAS DE DEFESA

Os dinossauros blindados teriam contado com sua blindagem para defesa, mas isso não significa que não tivessem uma estratégia ativa para afugentar agressores. Todos os dinossauros blindados eram criaturas móveis e fortes, provavelmente capazes de um trotar desajeitado. Quando se defrontavam com um agressor pequeno ou de médio porte, eles provavelmente abaixavam as cabeças blindadas e partiam para o ataque, esperando levar o inimigo ao chão. Um dinossauro agressor de 4 toneladas com blindagem óssea sólida e espinhos afiados deve ter sido uma visão assustadora. Contra predadores maiores, como o *Tiranossauro*, esta tática poderia não ter funcionado, já que o próprio caçador tinha armas terríveis.

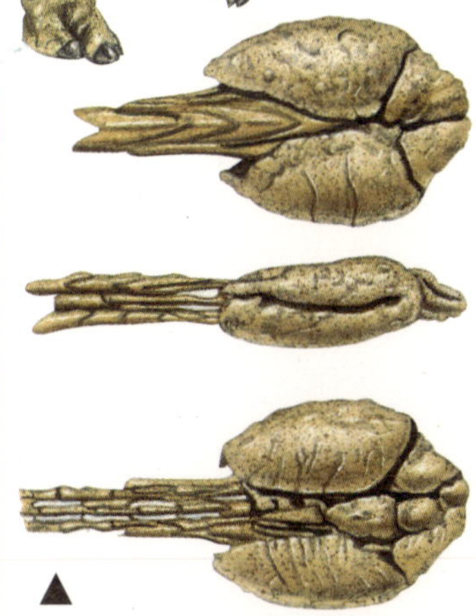

▲ Três visões de uma cauda de Anquilossauro.

▲ Perfil e visão de cima da cauda de um Euoplocéfalo. ▼

Fósseis de duas caudas com clava diferentes de anquilossaurídeo foram encontradas pelos paleontologistas. ▶

▶ Os anquilossaurídeos usavam as caudas em clava como uma arma contra os predadores. Eles provavelmente viravam de costas para o perigo e chicoteavam as caudas de um lado para outro. Poucos agressores teriam se arriscado aos golpes incapacitantes que tal arma podia desferir.

A CAUDA COM CLAVA

Poucos animais na história da Terra tiveram uma arma como a cauda com clava dos anquilossaurídeos. Essa era formada por placas ósseas na pele, que eram imensamente alargadas e fundidas aos últimos poucos ossos da cauda. Na maioria das espécies, essas formavam duas protuberâncias distintas de ossos, uma em cada lado da cauda. Algumas espécies tinham grandes espinhos salientes dos lados da cauda para aumentar o poder destrutivo da arma. Tendões muito espessos corriam da cauda com clava até a base da cauda, na qual eram unidos por poderosos músculos ligados aos quadris. Estes músculos eram capazes de agitar a clava com grande força de um lado para outro, mas não para cima e para baixo. A arma era nitidamente usada para varrer alguns metros acima do chão para atingir as pernas de um agressor.

O Gigante dos Répteis Voadores

O maior animal voador de todos os tempos foi o Quetzalcoatlus, que planava pelos céus da América do Norte bem no final do Período Cretáceo. Com envergadura de cerca de 12 metros e pesando aproximadamente 86 kg, este verdadeiro gigante do ar era capaz de planar por horas nas correntes de ar quente, que se erguiam da paisagem quente e úmida abaixo.

VIDA NO AR

Conforme o mundo se transformava durante o Cretáceo, a variedade e as espécies de animais voadores se adaptaram. Os répteis voadores, os pterossauros, já não eram mais as únicas grandes criaturas voadoras. As aves se tornaram cada vez mais numerosas e importantes. Os pterossauros de cauda comprida se extinguiram, restando somente os pterossauros de cauda curta ou pterodátilos. Eles cresceram cada vez mais com o passar do tempo até se tornarem verdadeiros gigantes. No final do Cretáceo, tudo mudou quando os pterossauros se tornaram extintos.

▲
As abelhas apareceram pela primeira vez no Cretáceo. Acredita-se que elas possam ter evoluído para tirar vantagem da nova fonte de alimento disponível a partir do néctar e pólen das plantas com floração, também novas no Cretáceo.

O Hesperornis, que se alimentava ▶ de peixes, carecia de músculos fortes o bastante para voar e, provavelmente, passava toda a sua vida no mar, mergulhando em busca de peixes e outros animais marinhos.

PHOBETOR

Este era um pterossauro relativamente pequeno do Cretáceo com uma envergadura de cerca de 1,5 metro. Ele tinha mandíbulas compridas e pontudas, que tinham dentes somente atrás, e asas compridas e pontudas que lhe permitiam planar em correntes ascendentes de ar. A característica mais óbvia do Phobetor, entretanto, era a crista em seu crânio. Um espinho comprido crescia para trás por trás dos olhos, e uma fina saliência óssea descia pelo centro do crânio a partir do olho até a metade das mandíbulas. Acredita-se que o Phobetor vivia perto de lagos e rios afastados do litoral, onde ele usava as mandíbulas compridas para sondar a lama em busca de minhocas e moluscos.

AMPLA VARIEDADE DE ESPÉCIES

Pode ter havido uma variedade maior de animais voadores no Cretáceo do que em qualquer outra época da história da Terra. Os primeiros répteis pterossauros a terem voado no Triássico ainda eram numerosos, mas as aves também avançavam rapidamente. Uma ave chamada Concornis da Espanha do início do Cretáceo tinha músculos fortes e era claramente capaz de voar com habilidade. Havia também muitas espécies de insetos voadores como as borboletas, as mariposas, as abelhas e as vespas, que apareceram todas pela primeira vez. Podem até ter existido uns poucos mamíferos pequenos capazes de planar de uma árvore para outra, o que iniciou a jornada evolutiva que geraria os morcegos.

▶
O Tropeognato tinha uma envergadura de cerca de 6 metros. As asas eram muito finas, o que ajudava o Tropeognato a passear pelas correntes de ar que sopravam sobre os oceanos tropicais onde ele pescava em busca de alimento.

▶
O Ictiórnis se assemelhava a uma gaivota ou andorinha-do-mar de hoje, com uma cabeça maior e dentes nas mandíbulas. Era um voador potente e, provavelmente, cruzava longas distâncias em busca de presas marinhas.

TROPEOGNATO

O nome Tropeognato significa "mandíbula de quilha de navio", e se refere às protuberâncias ósseas nas pontas das mandíbulas. Essas eram muito grandes, mas muito achatadas e estreitas. Acredita-se que essas ajudavam a criatura a manter a cabeça firme enquanto ela varria suas mandíbulas pelas águas superficiais dos mares rasos que cobriam o que agora é a América do Sul. É provável que o animal voasse baixo sobre a água com as mandíbulas mergulhadas nas ondas pronto para abocanhar qualquer peixe ou criatura em que essas tocassem. Os afiados dentes entrelaçados teriam segurado os peixes escorregadios firmemente até que o Tropeognato tivesse tempo para comê-los.

O Mundo Cretáceo 8
Namoro e Acasalamento 16
O Gigante dos Répteis Voadores 30

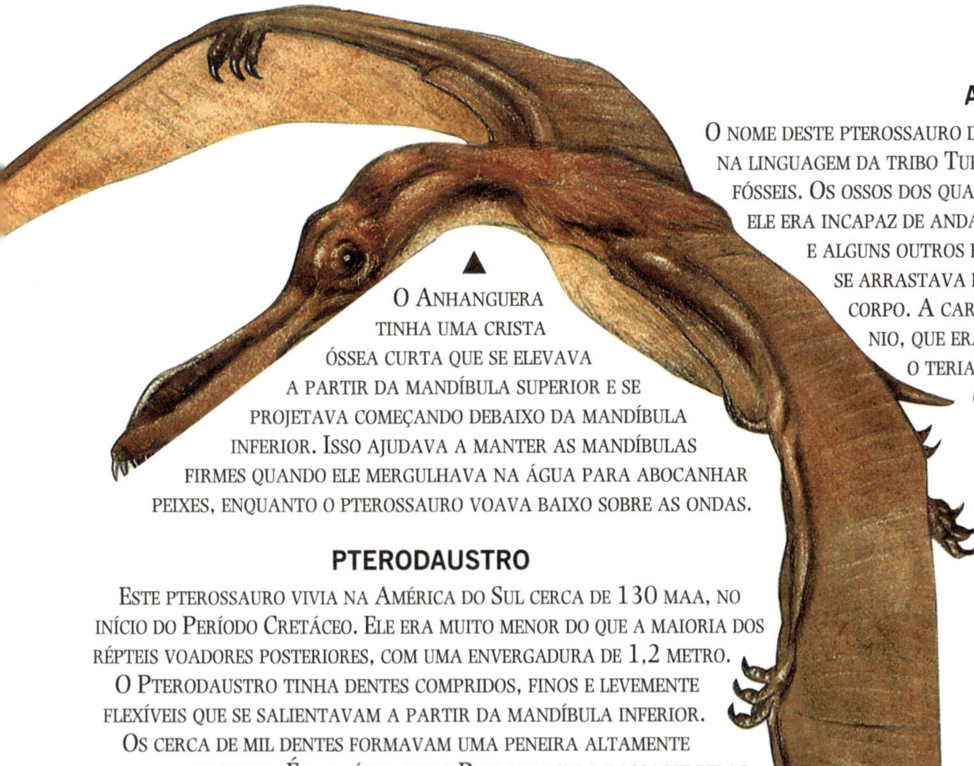

O Anhanguera tinha uma crista óssea curta que se elevava a partir da mandíbula superior e se projetava começando debaixo da mandíbula inferior. Isso ajudava a manter as mandíbulas firmes quando ele mergulhava na água para abocanhar peixes, enquanto o pterossauro voava baixo sobre as ondas.

ANHANGUERA

O nome deste pterossauro do início do Cretáceo significa "o diabo velho" na linguagem da tribo Tupi na área do Brasil, em que se encontraram os fósseis. Os ossos dos quadris e das pernas deste pterossauro mostram que ele era incapaz de andar sobre as pernas traseiras como as aves de hoje e alguns outros répteis voadores. Em terra, ele provavelmente se arrastava de quatro com as asas recolhidas por cima do corpo. A característica incomum desta criatura é o crânio, que era quase tão comprido quanto o corpo. Isso o teria tornado instável em voo se os ossos do crânio não tivessem sido finos como papel e muito leves.

O Ornithodesmus é tão diferente de outros pterossauros que tem sido colocado em uma família própria.

PTERODAUSTRO

Este pterossauro vivia na América do Sul cerca de 130 maa, no início do Período Cretáceo. Ele era muito menor do que a maioria dos répteis voadores posteriores, com uma envergadura de 1,2 metro. O Pterodaustro tinha dentes compridos, finos e levemente flexíveis que se salientavam a partir da mandíbula inferior. Os cerca de mil dentes formavam uma peneira altamente eficiente. É provável que o Pterodaustro passasse pelas águas de lagos rasos e mergulhasse as mandíbulas na água para filtrar minúsculos camarões e outras criaturas. Ele então os lambia e engolia.

ORNITHODESMUS

As asas e o corpo deste pterossauro bastante grande são típicos dos répteis voadores do Cretáceo. As asas eram compridas e estreitas, e o corpo era curto e atarracado com uma cauda muito pequena. A cabeça, entretanto, era única. A maioria dos pterossauros tinha mandíbulas pontudas, mas as do Ornithodesmus eram largas e terminavam em um focinho arredondado como o bico de um pato de hoje. Diferente de um pato, contudo, esta criatura tinha um grande número de dentes curtos afiados como agulha na parte da frente de suas mandíbulas. Ele, provavelmente, comia peixes de lagos e pântanos do interior da Europa ocidental, onde ele vivia.

O Pterodaustro tinha dentes em forma de cerdas usados para apanhar peixes em águas rasas.

NIDIFICANDO

Os hábitos de nidificação das aves e pterossauros do Cretáceo são um mistério, principalmente, porque não se encontraram ninhos ou ovos fossilizados. Entretanto, é provável que as aves tenham se aninhado da maneira como fazem as aves hoje. O *Hesperornis,* que não voava, podia somente andar, por isso ele deve ter construído seu ninho perto do litoral. É provável que a ave teria escolhido alagadiços ou bancos de areia, nos quais predadores terrestres não pudessem alcançar os vulneráveis ovos. Os pterossauros, como o gigante Pteranodonte do final do Cretáceo, eram capazes de voar e, provavelmente, botavam seus ovos alto nos penhascos, onde eles também ficariam a salvo dos caçadores. Não está claro se os próprios pterossauros incubavam os ovos, ou se os deixavam expostos ao sol para permitir que o calor do ar Cretáceo eclodisse os filhotes. O que se sabe é que filhotes bem jovens de pterossauros eram incapazes de voar, por isso é certo que os pais devem ter alimentado os filhotes, talvez com peixes meio mastigados ou outros alimentos facilmente digeríveis, que eles tenham armazenado em seus bicos.

A Era Dourada dos Dinossauros

O final do Período Cretáceo viu um crescimento explosivo na quantidade e variedade de dinossauros e outros animais. O aumento dramático em plantas com floração, que podiam produzir mais alimento vegetal do que as plantas anteriores, parece ter causado este repentino aumento na diversidade. Nada indicava que a situação existente seria destruída de repente por uma extinção em massa, que varreria da existência a maioria das criaturas viventes na Terra.

O Oviráptor tinha um bico estrategicamente encurvado com um afiado espinho ósseo ao longo da metade das mandíbulas. Ele provavelmente usava o bico para pegar ovos, depois os rompia com os espinhos. ◄

O Protoceratopo (à direita) foi um dos primeiros ceratopídeos. Seu crânio tinha o bico de papagaio de todos os dinossauros posteriores neste grupo. Ele também tem outra característica dos ceratopídeos posteriores: um folho ósseo na parte posterior do crânio. ►

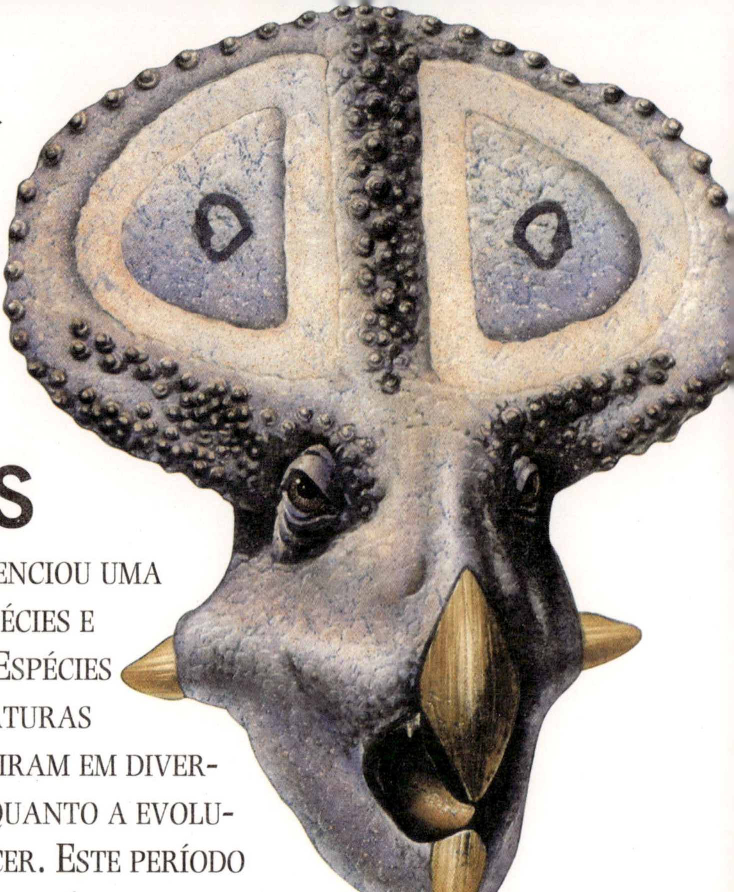

CABEÇAS E CRÂNIOS

O final do Cretáceo presenciou uma grande diversidade de espécies e famílias de dinossauros. Espécies totalmente novas de criaturas evoluíram, depois se dividiram em diversas espécies similares, enquanto a evolução continuou a acontecer. Este período viu algumas das mais incríveis cristas, chifres e outras protuberâncias de cabeça que qualquer animal já ostentou até hoje.

BICOS E DENTES

A maior parte dos animais usa suas bocas e dentes como utensílios para obter alimento. Por causa disso, os cientistas estudam as bocas e dentes dos dinossauros e outros animais extintos para descobrir que alimentos eles comiam. Uma criatura com longos dentes afiados pode ter sido um carnívoro, enquanto uma com dentes curtos e sem corte, provavelmente, comia plantas. Às vezes, porém, os dentes e bocas são tão incomuns que os cientistas não têm certeza do que a criatura comia. Alguns dentes podem ser tão especializados que seu propósito é um mistério.

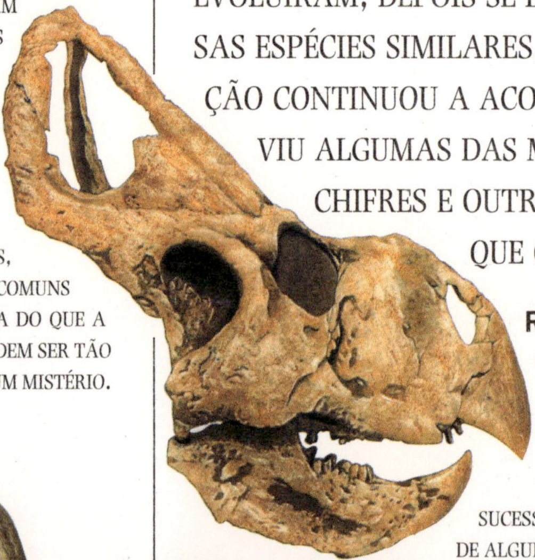

Os Hadrossauros, como o Anatossauro, tinham grupos de centenas de dentes apinhados nas laterais de suas mandíbulas, mas nenhum dente em direção à parte da frente da boca (veja acima). Acredita-se que eles mordiscavam carumas com o bico, depois as trituravam até formar uma pasta polpuda com os dentes laterais. ▼

ROSTOS COM CHIFRES

Cerca de 90 maa, um novo grupo de dinossauro evoluiu. Estas criaturas tinham bicos curtos e estreitos com formato como os de um papagaio de hoje, mas com dentes fortes na parte posterior das mandíbulas. Estes dinossauros evoluíram rapidamente para se tornarem os ceratopídeos. Logo, grandes rebanhos deles dominavam a terra. Acredita-se que seu sucesso tenha vindo de seu bico, que os ajudava a se alimentar eficientemente de alguns tipos de plantas que eram muito abundantes na época, embora os cientistas não tenham certeza de que planta fosse.

◄ O Parassaurolofo tinha uma crista encurvada para trás. Esta crista era oca, mas pode ter tido cores vivas e sido usada como um sinal.

Namoro e Acasalamento 16 • Mães e Ovos 20 • Assassinos Ágeis 22 • A Era Dourada dos Dinossauros 34

CRISTAS

Os hadrossauros tinham cristas ósseas no alto do crânio. As cristas muitas vezes eram ocas, mas algumas eram feitas de osso sólido. O propósito destas cristas tem sido explicado de diversas maneiras. Algumas pessoas acreditaram que elas eram uma maneira de armazenar ar quando a criatura mergulhava debaixo da água. Outros disseram que as cristas davam aos animais um olfato magnífico. Alguns acreditaram que eram usadas para tirar galhos do caminho enquanto os dinossauros se alimentavam. Hoje em dia, acredita-se que as cristas ocas eram usadas para produzir sons altos. As cristas sólidas provavelmente tinham cores vivas e eram usadas em adornos de ritual.

O Lambeossauro tinha uma grande crista abobadada que continha grandes passagens de ar. Elas podiam ter produzido sons altos que teriam sido ouvidos a grandes distâncias. ►

DINOSSAUROS COM FOLHOS

À medida que os dinossauros ceratopídeos se tornaram mais numerosos, eles desenvolveram grandes folhos ósseos que cresciam de trás do crânio e eram, muitas vezes, tão grandes quanto o restante da cabeça. A origem destes folhos pode ter sido protuberâncias e saliências ósseas às quais os poderosos músculos da mandíbula se ligavam. O sucesso dos ceratopídeos veio de suas mandíbulas pontudas, que tinham músculos fortes para fazê-las funcionarem. Acredita-se que, quando as protuberâncias e saliências atrás do crânio cresciam, elas se tornavam ligadas ao comportamento de acasalamento. As fêmeas preferiam machos com saliências ósseas maiores, talvez porque isso lhes mostrava que eles tinham músculos fortes e eram melhores provedores. Com o tempo, esta preferência fez com que as saliências ósseas ficassem maiores e se tornassem dispositivos de adorno com as quais os ceratopídeos sinalizavam entre si e resolviam disputas por território ou parceiros. Ao longo de milhares de gerações, isso produziu algumas cristas de cabeça bastante extraordinárias. Com o crescer das cristas, os ceratopídeos também desenvolveram grandes chifres. Eles eram usados como armas contra predadores, mas também podem ter sido usados como uma maneira de se comunicar com os outros.

O Estiracossauro tinha apenas um folho ósseo curto no crânio. Em vez de um grande folho, ele tinha espinhos afiados que cresciam para trás e devem ter sido uma visão assustadora quando ele balançava a cabeça para rivais. ▶

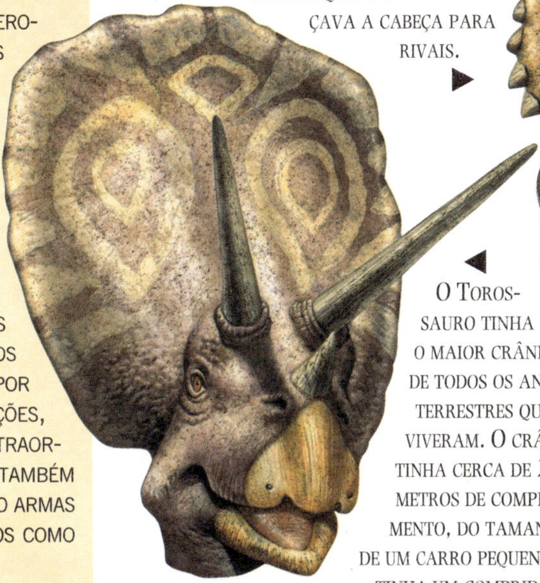

◀ O Torossauro tinha o maior crânio de todos os animais terrestres que já viveram. O crânio tinha cerca de 2,6 metros de comprimento, do tamanho de um carro pequeno. Ele tinha um comprido folho ósseo atrás do crânio, um par de chifres que apontavam por cima dos olhos e um terceiro chifre mais curto no nariz.

O Tricerátopo tinha uma franja óssea curta e sólida atrás do crânio e três afiados chifres vigorosos que apontavam para frente. O nome desse dinossauro significa "rosto com três chifres". Com cerca de 9 metros de comprimento, ele foi um dos maiores ceratopídeos. ▼

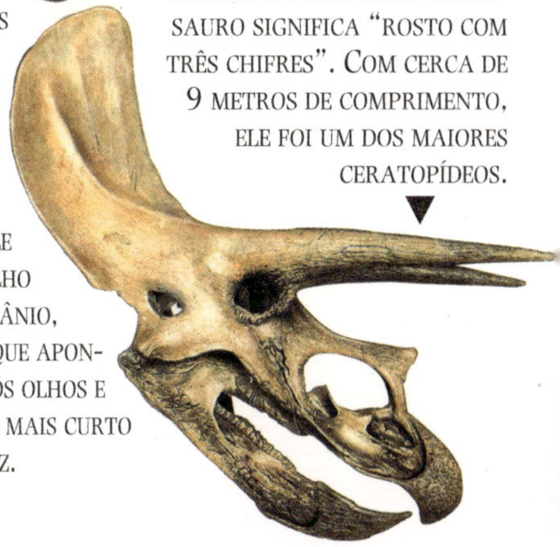

▲ Com cerca de 2 metros de comprimento, o Stegoceras foi um dinossauro de cabeça-dura relativamente pequeno. Ele vivia nas áreas montanhosas da América do Norte nas quais raramente se formam fósseis, e é por isso que se encontraram tão poucos deles.

O crânio de um Paquicefalossauro mostra as características-chave dos dinossauros de cabeça-dura. O focinho é recoberto de protuberâncias ósseas afiadas e a parte de trás do crânio possui protuberâncias maiores e mais arredondadas. O alto do crânio é em forma de abóboda, e a cobertura do crânio é mais espessa atrás dos olhos. Os dentes eram capazes de triturar material vegetal resistente como as folhas das samambaias. ▶

CABEÇAS ESPESSAS

Quando os cientistas descobriram os fósseis dos paquicefalossauros, eles perceberam rapidamente que eles tinham encontrado uma espécie totalmente nova de dinossauro. Os crânios destes animais são coroados por abóbodas enormemente espessas de osso sólido, diferente de qualquer coisa vista em qualquer outro animal. Raramente se encontram fósseis de corpos, mas eles parecem ser semelhantes a outros dinossauros herbívoros pequenos. Aceita-se atualmente que os dinossauros tinham competições de cabeçadas para decidir quem era mais forte. Isso pode ter determinado disputas por áreas de alimentação ou parceiros. Os rivais teriam se posicionado a alguns metros de distância, e então baixado as cabeças e arremetido a toda velocidade. As cabeças teriam colidido com grande força. O animal mais fraco ficaria logo atordoado ou desistiria da luta.

▶

Quando um predador ameaçava um grupo de ceratopídeos Chasmossauro, eles se amontoavam em um grupo fechado. Os maiores dinossauros enfrentavam o inimigo e acenavam suas cristas e chifres para afugentá-lo. Filhotes ou animais doentes ficavam na retaguarda, em que estavam a salvo do ataque.

ÍNDICE

Abelhas 8, 32
África 8, 17
Albertossauro 29
Alfadonte 9
América do Norte 8, 9, 12, 28, 29, 31, 37
América do Sul 8, 32, 33
Anhanguera 33
Anquilossaurídeos 28, 29
Anquilossauro 27, 28, 29
Antártica 8
Arbustos 8
Arquelônio 12
Árvores 8
Ásia 8, 9, 28, 29
Austrália 8
Aves 9, 16, 20, 32
Avimimo 9
Barionix 25
Borboletas 8, 32
Brasil 33
Bulbos 8
Camarões 33
Caracóis 9
Caranguejos 9
Celacantos 13
Centrossauro 9
Ceratopídeos 36, 37
Champsossauro 13
Chasmossauro 37
Cobras 8
Concornis 32
Crocodilos 8, 13
Deinonico 22
Deinosuchus 13
Dromeossauro 9
Edmontossauro 16
Elasmossauro 12
Ervas 8
Espanha 16, 32
Espinossauro 17
Estiracossauro 37
Estrela-do-mar 9, 13
Euoplocéfalo 29
Europa 8, 28, 33
Formigas 8
Gigantossauro 24
Gondwana 8
Hadrossauros 16, 18, 36
Hesperornis 32, 33
Hylaeossauro 29
Iberomesórnis 16
Ictiórnis 32
Ictiossauros 12
Índia 8
Insetos 8, 32
Kronossauro 12
Lagartos 10, 13, 16
Lambeossauro 36
Laurásia 8
Leaelinassaura 21
Maastricht 12
Magnólia 8
Maiassauro 21
Mamíferos 9, 24, 32
Mariposas 8
Marsupiais 9
Megaraptor 24
Mexilhões 9, 13
Minhocas 32
Morcegos 32
Mosassauro 10, 12
Mutaburrassauro 16
Nodossaurídeos 28, 29
Nodossauro 28
Nyctossauro 9
Ornithocheirus 17
Ornithodesmus 33
Ostras 13
Oviráptor .... 20, 21 ,36
Paquicefalossauro 15, 37
Parassaurolofo 25, 36
Peixes . 10, 12, 13, 24, 25, 32, 33
Phobetor 32
Pinacossauro 29
Plantas com floração ... 8, 32, 34
Plesiossauros 9, 12
Pliossauros 9
Plotossauro 10
Polacanto 28
Presbyornis 9
Protocerátopo 36
Pteranodonte 17, 33
Pterodátilos 9, 32
Pterodaustro 33
Pterossauros 9, 17, 25, 32, 33
Quetzalcoatlus 30
Répteis 16
Répteis marinhos 9, 12
Répteis voadores 9, 30, 32, 33
Samambaias 8, 37
Sibéria 8
Stegoceras 37
Tapejara 25
Tartarugas 12
Teleósteos 13
Therizinossauro 20
Tiranossauro 12, 24, 29
Torossauro 37
Tricerátopo 16, 22, 25, 37
Tropeognato 32
Tubarões 12, 13
Velociraptores 25
Vespas 8, 32

ANOTAÇÕES